Pour Adèle, Albert, Céline, David, Étienne, Jean, Jim, Julie, Louis, Lucile, Marc, Mathieu, Paul, Pierre, Simon, Thomas, Véronique et ...

Madame Poipoi — Monsieur Henri — Gino Marto — Rémi Lepoivre — Adrien Dubouchon — Mélani Lano

Tom-Tom et Nana

Increvables !

D'après une œuvre originale
de Jacqueline Cohen, Évelyne Reberg (scénarios)
Bernadette Després (dessins)
Catherine Viansson-Ponté
Virginie Péchard, Rémi Chaurand (couleurs)

ISBN : 978-2-7470-2903-2
Dépôt légal : mars 2009

Imprimé en France par Pollina - L66741H
Tom-Tom et Nana sont des héros *J'aime Lire*

Mon gri-gri chéri

C'est mon caillou bleu !
En forme de cœur ! Celui que tu m'as offert pour mes 4 ans !
Oh mon chéri, tu l'as gardé depuis tout ce temps !
C'est mon gri-gri !
Il a un pouvoir magique ! Il me fait marquer des buts au foot !
Quand je l'ai, j'ai des 10 partout !
Ben dis donc, tu l'as pas souvent !
Sans lui, je suis fichu !!

Attends, j'ai ce qu'il te faut !
Mon bon vieux fer à cheval !
Mais ne l'accroche pas au-dessus de ton lit, sinon...
Moi, j'ai une belle crotte de serpent !
Ce matin, grâce à elle, j'ai retrouvé mon balai pour faire mon ménage !
Tu vois ce lacet, il m'a sauvé d'un rhume !
Tu l'enroules autour de ton doigt et houps ! Pas besoin de médicaments !

Nana !
Ça marche pas, ton truc !
Chut !
?
Je te le rends !
Mon caillou !
Alors c'est toi qui l'avais pris !

Je t'avais interdit d'y toucher !
Espèce de voleuse !
Et tu as osé le donner à Fatiah !
Je... je... je lui ai juste prêté un peu !
Arrêtez !
C'est que j'en avais besoin ! J'avais la table de 3 à réviser et j'y arrivais pas !

En tout cas, même avec le caillou, j'ai eu zéro.
Bien fait ! J'aurais aimé que tu aies moins 50 !
Le seul porte-bonheur dans la vie, c'est le travail !
Ça c'est bien vrai...
Tu sais, je t'ai raconté des salades, avec mon lacet !
Bien sûr ! On disait n'importe quoi !
Ma crotte de serpent, c'est un noyau d'olive !
Faut être idiot pour y croire !
Ha, ha, ha !

En plus, vous vous moquez de moi !
Je m'en vais, na !
C'est ça, bon débarras !
Je me fiche de tout, du moment que j'ai mon caillou !
Tu peux le garder ! Il vaut rien, ton caillou !
Même avec Rémi, ça a raté !
quoi ?!

Rémi s'en est servi aussi ?
Il voulait regarder "Abomination 3" à la télé et ses parents voulaient pas...
Résultat, au lit !
Pareil pour Sophie, elle voulait...
Tout le monde s'en est servi !
C'est pour ça qu'il marche plus !
Vous avez usé son pouvoir !

Euh...
Calme-toi !
Tu délires !
Puisque c'est comme ça, j'en veux plus !
Ne le jette pas !
Tu vas...
Ramassez-le si vous voulez !
Tante Roberte !
AAAAAH !
BANG !

Le sacripant! Le voyou! Il me vise avec des projectiles, maintenant???
C'est ça la jeunesse moderne?
Oh!
C'est ça, l'éducation de nos jours?
Mais non...
C'est que...
Il n'a pas...
Cet enfant m'attaque et vous le protégez???
Eh bien moi, je vais le punir!
Ooooooh!
Pauvre Tom-Tom!

Je venais l'inviter à manger chez moi, pour la Saint Tom-Tom...
Puisque c'est comme ça, à sa place...
J'invite ma petite Nana !
Viens, mon amour ! Toi, au moins, tu es mignonne... Et ta copine aussi !
Venez toutes les deux, mes beautés !
Euh... mais !

Vous serez les seules à déguster...
... mon bon ragoût de mouton à la sauce chou-fleur !
Beurk !
Merci, petit caillou chéri !
Smack !
Smack !
Je vous l'avais bien dit ! Il fait des miracles, mon gri-gri !
FIN

Sondage toutou

CLAC !
Pompiers
SAMU
À nous l'engin !
C'est moi qui dis le numéro, hein !
Vas-y, donne tes chiffres !
Euh... 5, 5, 6, 4, 2...
Pompiers
SAMU
S.O.S Plombier
... 1, 27, 40, 8, 0, 3 ...
Arrêêête !
Tic, tic, tic !
SAMU
S.O.S. Plombier
Le numéro que vous demandez n'est pas attribué...
Pompiers
SAMU
S.O.S Plombier
Ça marche pas !... Un autre numéro !
CLAC !
0, 0, 8, 6, 2, 1, 0, 7, 9, 2, 4, 12...

Zieng tchinpou yuan kiiong...
T'es nulle ! Tu m'as fait téléphoner en Chine !
CLAC !
En Chine !...
Trop fort !
Je prends ce vrai numéro, et tu te tais...
06, 11, 87...
Tic !
Tic !
Tic !
... Ça sonne !
Allôlo... lolo... Monsieur ? C'est pour un... un... son...
Un sondage !

Pour un sondage...
Sondage toutou !
WAF ! WAF ! WAF !
... Sondage toutou ! Vous pouvez aboyer, s'il vous plaît ?
Est-ce que vous avez ... euh ...
... du poil aux papattes !
... du poil aux papattes ?
Est-ce que vous reniflez le derrière des chiens ?
Snif ! Snif !
Vous reniflez le derrière des chiens ?
Hi, hi, hi !

Gros dégoûtant ! Et vous mangez du Cani...
Clac !
Ha, ha, ha ! Il était fu-rieux !!!
Hou, hou, hou ! Je vais faire dans ma culotte !
On recommence ?
Ouais, c'est trop bien !
À l'attaque !
Sondage minou, d'accord ?
Où est-il ? Ça va barder...
Tom-Tom !!!
Oh malheur !...

Ah, te voilà !
Alors, on fait des blagues au téléphone ?!
Oh ! le maître !... C'était son numéro !
Non, c'est pas moi...
Tu crois que je n'ai pas reconnu ta voix ?
Tu me conjugueras 100 fois et à tous les temps "J'ai du Canigou dans le caillou" !
?!
FIN

Cloches et clochettes

Tu nous en donnes un peu ?
Pas touche !!
Allez ! Juste pour essayer !
2 minutes !
C'est pas pour vous, pauvres cloches !
Faut être doué !
1 euro ! Bonheur assuré pour l'éternité !
Bon, ben...
On va se débrouiller tout seuls !
Et le muguet, vous le trouvez où ?
Dans votre culotte ?
Tu te prends pour qui ?!
On va te montrer !

Mamounette !
Mamouille chérie !
Vite, on va à la campagne !
Au muguet !
Hé !?
Lâchez-moi, j'ai plein de boulot !
Justement, faut te reposer !
À la campagne, tu te couches dans l'herbe...
Et nous, on travaille !
On cueille, on cueille !
Et on devient riches !
Fichez-moi la paix !

Mamounette ! Je t'en prie !
Pour une fois qu'on a le droit de vendre quelque chose !
C'est pas loin !
2 petites heures de voiture et on y est !
J'ai dit non, c'est non ! Point final.
CLAC !
Avec des parents aussi nuls, on sera toujours pauvres !
Quand j'aurai le permis, j'irai tous les jours au muguet !
Tu m'emmèneras ?
Hé ! Je rêve, ou quoi ?

C'est mon dernier ! Je vous le donne !
Oh, la veinarde !
C'est bête, j'en ai déjà !
C'est vrai ?!
Nous, on le veut bien !
Pour notre maman !
Vous me donnez une idée...
Joyeux 1er mai, Yvonne !
Oh merci ! J'adore ! Et ça porte bonheur !
Ben... pas à nous !

Hé, regarde ! Un miracle !!
Attendez !
Ne le jetez pas !
Je déteste l'odeur du muguet ! Ça sent le pipi de chat...
Nous, notre maman, elle adore !
Ah, mais bien sûr !
Merci, les enfants !
On s'est trompés !
Elle est... euh... allergique !

Pour vous, madame Dubouchon !!
En hommage à votre beauté et à votre gentillesse !
J'ai une idée... pch... pch... pch...
tiout !
Personne !
À nous le trésor !

Pas besoin d'aller à la campagne !
Ça pousse dans les vases !
On se met là ?
Non, plus loin !
FROMAG
Ici ! C'est une boutique de riches !
FROMAGER
Bonheur à vendre !
Très cher !
5 euros le bouquet !
Voilà un client !
digling !

Pap... papounet !
Tiens, tiens ?
D'où il sort, ce muguet ?
Ben...
On l'a trouvé sur un arbre... un muguetier !
Euh... elle blague ! On l'a trouvé par terre !
Vous le vendez combien ?
5 euros le bouquet !
Pour toi... 4,50 !
Vous y allez fort ! Surtout qu'il est déjà un peu fané !
T'exagères, papou !
On dirait qu'il a servi...

Je vous prends le tout pour 1 euro, c'est mon jour de bonté !
Ça fera plaisir à votre mère !
Encore !
On est cuits !
Je l'ai acheté aux enfants !
Mais... c'est mon muguet !!
Nos enfants sont des voleurs !
Bientôt des braqueurs de banque !!
Vite, faut lui barrer la route !

Papou ! Papouille !
Donne !
On va l'offrir à ta place !
Ah non, c'est à moi de faire mon cadeau à ma femme.
Ça sera un jeu !
On lui demandera de deviner qui lui offre...
Et hop, surprise ! Tu entreras !!
Bon, bon...
Tu restes là, hein !
Ils ont de ces idées, je vous jure !
Ouf !

Mamounette !!
Viens voir !
J'arrive !
On a jeté ton vieux muguet…
Quelqu'un t'en offre du bien plus beau !
Un amoureux !
Ah ?!
Devine qui c'est
A LA BONNE FOURCHETTE
Le beau monsieur Tabouret !
Non !
Hic !

Le génial monsieur Rechignou ?
Non !
Hoc !
Je sais ! Cet amour de...
... monsieur Lepoivre !
PONG !
Et moi, hein ? Et moi ?!!!
Toi ? Mais tu ne m'achètes jamais de fleurs !
Et le bégonia que tu as laissé crever ? Et les roses ? Et le cactus ? Et...

- A LA BONNE FOURCHETTE -
CAFÉ - BAR - RESTAURANT
Ingrate ! Sans cœur !
Remballe-les, tes clochettes !
Ça tourne toujours mal avec eux !
Ils vont encore divorcer !
Oh zut ! Alexandre...
Manquait plus que ça !
1 centime les 10 bouquets !
Il a rien vendu ! On dirait même qu'il en a plus qu'avant !
Alors, ça roule ?
Ben...

Nous, on a vendu tout ce qu'on avait !
Tout notre stock !
C'est vrai ?
Juré, craché !
Tfou !
Sur la tête de toute la famille !
On lui prend un bouquet ?
Ouais ! Pour lui faire plaisir !
1 centime, c'est donné !
Tiens... Voilà 1 euro !
Rends-nous la monnaie, s'il te plaît !
FIN

Pari gagné ! Il marche sur Mars !
Je marche chur march, che mache chur mach, chemachchumach...
CALENDRIER
MARS

Un autographe, s.v.p.!
WAOUH! Super, le coup droit!
Ha-ha-a-a-a-an!
Gé-nial! Mieux qu'à Roland garros!!!
Poc!
Et... Smash!
HOURRAH!!
Poc!
Un autographe, s'il vous plaît!
Là, en bas...
Mission accomplie!
C'est vrai?
Alors, qu'est-ce qu'on dit?
...!!!???!!!!???
BULLETIN
Tom-Tom Dubouchon
Orthographe 0
Grammaire 2
Calcul 1
Conduite 0
Signature des parents :
Yannick Noah

Faut le faire !

Concours de menottes

ça mord!
Pfff! Vise son chapeau!
Pas facile!
Qu'il est mimi, votre kiki!
Ma canne à pêche!!!
?!
Je vous ai interdit d'y toucher!
AAAAAH!
Vieux dégoûtant!
Devant ses enfants, en plus!
WAF! WAF!
POLICE! POLICE!
FIN

Billets doux

Super Tom-Tom

Farces à roulettes
Fatiah! T'as perdu ta culotte!
Sophiiie! T'as une tache énorme!
Où ça, où ça?
Rémi! Un truc qui tombe!
Poisson d'avril!!
Tom-Tom!
Attention!
Y a un trou!
HA! HA! Ça ne marche pas avec moi!
FIN

Un poirier, une poire

Erreur judiciaire

Un peu de chirurgie

Dégonflé !
Tu le surveilles, hein !
OK, chef !
Le premier qui y touche, tu le massacres !
Ouais !
Tu lui pètes les tibias
Tu lui éclates le bide !
Tu lui arraches les yeux !
Hé, j'peux ?
...
Yaaaa haa !
Bon, on peut faire des exceptions...
FIN

Hou !
On a du succès !
Normal, on est les mieux déguisés du quartier !
Au suivant !
CLiiiNG !
CLiiiNG !
Madame Mochu !
N'ayez pas peur !
C'est pour Halloween !
J'arrive ! J'arrive !
Ah !
Je suis en train de faire...
... mon masque de beauté !
Aaaaah !
Au secours !
Maman !
FIN

Trahison

Au voleur! Ma lettre au Père Noël!!
Ma lettre de 30 mètres de long!
W.C.
que j'ai mis 30 ans à écrire...
W.C.
FRRRT FRRRT
Ah!...
Et le reste???
W.C.
30 gros bisous de Tom-Tom
Euh... Excuse, y avait plus de papier!
W.C.
Aaaaargh!!!
FIN

Non! Au secours!
et tu clignotes comme ça jusqu'à Noël!

Bonjour les pestes

Waf ! Waf ! waf !
Papaaaa ! Mamaaan !
Qu'est-ce qu'il y a encore !?!
C'est lui !...
Il arrête pas de ricaner !
...Né, né, né !
Il nous embête !
...Bê, bê, bête !
Ça suffit !
Ça fait une heure que tu les énerves !
Moi???

Allez ouste, dehors !
J'ai rien fait ! C'est dégoûtant !
Va jouer ailleurs !
Grrrr !
Sales cafteuses !
Marre de marre, de marre !
C'est toujours moi qui prends !

Ouille !
Ouille !
Tu l'as fait exprès ?! C'est pas le moment !
??
Je viens de me faire chasser de chez moi !
Incroyable ! Moi, pareil !
Personne ne m'aime !
Moi, c'est pire ! Tout le monde me déteste !
Mes parents n'arrêtent pas de me hurler dessus !
Moi, c'est pire ! Ils crachent !
Tu sais quoi ? On va s'enfermer là-dedans !
Bonne idée ! Et on n'en sortira plus !

Ping !
Ping !
Dangé TERRORRISTES
Personne viendra nous casser les pieds !
À nous la liberté !
Dangé RRORRISTES
Zut ! On n'a rien pour jouer !
Mmmm...
N'empêche, on est à l'abri ! Sans parents, sans cris...
Et sans filles !
C'est mieux de s'embêter tout seuls que d'être embêtés par les autres !

Pendant ce temps...
Ya plus rien qui traîne, mamounette !
Bien !
On va chercher Tom-Tom, le pauvre, il est tout seul !
Il doit être triste !
Ils vont encore se disputer !
Tant pis ! Qu'ils s'entretuent !
Je parie que cet idiot est allé...
À la cabane !
Tom-Tom ! Coucou ! T'es là ?
Fichez le camp !
Vous savez pas lire !
Dangé
TERRORRISTES
Gagné !
Il y a Rémi, en plus !

Allez ! Laissez-nous entrer !
Niet ! No !
Nê ! Naïn !
Dangé TERRORRISTES
Qu'est-ce que vous faites ?
Secret défense !
Génial, on joue à la guerre ?
On serait vos soldates !
Tirez-vous !
Ou on vous envoie la bombe atomique !
Je vais sortir mon arme fatale !

Broum !
Bling !
Plaf !
Aaaah ! Je suis tombée ! Ça saigne ! Ouvrez !
Pfff !
Tu crois que c'est vrai ?
Attends je regarde !
Tu vois quelque chose ?
Rien ! Juste deux guenons débiles !
Dangé TERRORRISTES !
Ou-vrez ! Ou-vrez !
Boum !
Boum !
Dangé TERRORRISTES
Aïe !
Je vais tout dire à mon père, na !

Mon père, il est toujours de mon côté !
Tu vas voir, en deux secondes, c'est dans la poche !
Une goutte, deux gouttes...
Dis, papa...
... C'est normal que...
Hum... Bien sûr !
... Que les garçons s'enferment dans notre cabane ?
Chut ! Tu vas lui faire rater son cocktail !
RHUM
RHUM

C'est normal qu'ils nous laissent pas entrer ?
Ouiiii...
... Deux cuillerées de sucre...
C'est normal...
... qu'ils boivent eux aussi du cocktail ?
Bien sûr !
Une grosse bouteille !
Silence !

L'étiquette est rouge !
Avec une tête de mort !
Ha ! Ha !
Qu'est-ce que vous dites de mon Cocorito ?
Rien qu'au parfum, je me pâme...
RHUM
C'est normal qu'ils avalent du poison...
!!!
... pour voir si ça tue vraiment ?
Bien s...
Hein ?! Quoi ?!

...les garçons ?
... Poison ?
... Tue ?
Je serais vous, j'irais voir !
Et vite fait, encore !
Yvonne ! Vite, la trousse à pharmacie !
J'appelle le Samu !
Non ! Les pompiers d'abord !
Hou, là, là !
Non !...
A... attendez !
Écartez-vous, bon sang !
Y a urgence !
C'est quoi déjà les numéros ?
Euh...

Arrêtez !
Lâche-moi !
Qu'est-ce qu'il y a, à la fin ?!
Ben...
C'était une blague !
Pour rigoler !
Ha, ha, ha ! Une blague !
Elle est bonne !! Ha, ha, ha !!
Eh bien moi, j'ai une blague encore meilleure !
??
Danger

À quatre, vous rigolerez mieux !
PAF ! PAF !
Bon débarras !
Et à nous le Cocorito !
Oh les parents ! Ce qu'ils sont nerveux !!
Y a des jours, on se demande pourquoi !
Ça me dépasse !
?!?
FIN

Zéro partout!

Les bons élèves seront récompensés !
Pour un « très bien », 3 Tchikitos ! Un « bien », 2 Bonbichocs !
Miam !
Waouh !
Les autres seront punis !
Agla-gla !
Punis comment, maîtresse ?
CLAC !
Ha, ha ! Vous verrez !
Allons-y ! Leçon greli-grelot...
Greli-grelot, qu'y a-t-il dans mon sabot ?
Un pet de rat !
De l'air !

Bande de minables ! Je vais vous aider...
Un, c'est blanc ! Deux, c'est tout mimi ! Trois, c'est riquiqui !
Un éléphant blanc qui a rétréci !!
Un microbe tombé dans la farine !
Je sais !
SUPER STAR
Euh ! Un grain de...
Un grain de riz coupé en 100 !
Tout faux !

Hé, on va pas y passer notre vie !
Donne-nous des lettres !
D'accooord !
Mais pour chaque mauvaise réponse...
Attention...
Punition !
Je cache la chose dans ma poche...
Lisez bien !
Ça a 2 « i »...

Alors ? Blanc, mimi, riquiqui...
Du pipi !!
i i
C'est blanc le pipi ?
Oh moi, j'en fais même du bleu !
Hi, hi, hi, hi,
hi !
Punie ! Donne-moi tes lunettes !
Tu me les rendras, hein !
PING !
Ajoute une lettre, c'est trop dur !
OK !!!... Z !
i iz
SUPER STAR
Et je répète : c'est blanc, riquiqui, tout mimi... C'est ?
Un zizi !
Wouaf ! Wouaf ! Hi, hi, hi ! Hou, hou !
i iz

Rémi, puni ! Donne-moi ton bonnet !
Je vais avoir froid au cerveau !
Tu protestes ?! Donne aussi ton T-shirt !
T'es gonflée !
Fatiah ! Pour toi, parce que tu es bête...
... j'ajoute encore une lettre : v !
J'ai trouvé !
C'est un petit izvi ! Il habite en Izvétie, il est blanc et il s'appelle Riquiqui !
Hi, hi, hi, hi !

Bête, nulle et idiote ! Donne tes baskets !
T'es folle ! Pourquoi pas ma culotte !
i iz v
Puisque c'est comme ça, je m'en vais !
J'te cause plus ! Plus jamais !
Ramenez-la-moi, morte ou vive !
RiEUre
classe
deCE 3
Sinon pas de Tchikitos ni de Bonbichocs !
Fatiah !

Reviens !
Non, non et non !
C'est qu'un jeu !
Pour rigoler !
On a presque fini !
On prend le goûter et on se débarrasse d'elle !
J'ai faim !
Pff !
J'ai le ventre qui crie au secours !
Allez !
Alors, tu viens ?
Non ! J'ai trop la haine !

Cinq minutes après...
Qu'est-ce qu'elle fiche ?
Je vais voir !
C'est louche !
Je parie qu'elle dort !
Oh !
C'est dingue ! Elle a mis vos habits et ... et ...
Hein ?!

C'est pas du jeu !!
Tu as tout mangé ?!?
i iz v
Pas du tout ! Reste 4 Bonbichocs...
Hic !
SUPER STAR
Si vous les voulez, faut finir la leçon ! Compris ?
Ok ! Mais je te préviens...
SUPER STAR
Si on n'a pas les Bonbichocs, on te mange toi !
Euh... du calme !
SUPER STAR
On continue ! À toi, mon petit Tom-Tom !
i iz

Comme tu es mon chouchou de frérot d'amour...
Je te montre la réponse !
SUPER STAR
Aaaaaaah...
Et alors ?
Encore un nul ?!
Puni ! Donne t...
T'as même pas la réponse, pauvre idiote !
Ha, ha ! Tu vas voir !

Une dent !?!
Oui !
Blanc, mimi, riquiqui, c'était forcément ma dent !
Ça va pas, la tête !!
Ya pas de "i" dans le mot "dent" !
Ni de "z" ! Ni de "v" !
Mais...
C'est une in-ci-sive !
Ya pas de "i" là-dedans ?
incizive
Euh... moi... va... en récré...
Burp !

Vous, vous êtes pupu... ninis...
Tricheuse !
Aaah ! J'ai mal au ventre... au coeur...
Bien fait !!
Portez-moi jusqu'à la maison !
Tu peux toujours courir !
Mi-mi !
Ri-qui-qui !
Nana-fait pipi-au-lit !
Non mais vous n'avez pas honte !!

Mon bébé !! Qu'est-ce qu'ils t'ont fait ?!
Ma... ma... mounette !
Vous l'avez encore martyrisée, hein ?!
Mais...
À LA BONNE FOURCHE
Faut plus jouer avec ces monstres, ma biche !
Ça, c'est la meilleure !
CHANTIER
FIN

La raclée du siècle

Rendez-vous demain 5 heures pour la raclée du siècle...
Tom-Tom ta dairnière eure a sauné
SUPER BOY
Viens, si t'es pas un lâche... Un conseil ! Fais ton testament !
Tom-Tom ta dairnière eure a sauné
Pff ! Ce gros nase, un coup dans le bide et je l'explose !
Mmmm...
Hier, il a massacré un grand de CM2 ! Il lui a rentré le nez dans les oreilles !
Bah ! Suffit de t'entraîner ! Je vais t'aider...
Je serai ton coach ! OK ?
OK !
Vous venez goûter ?

Il reste de la chouquette ! Profitez-en !
Youpiii !
Tss... Ton régime !
EAU
SUCRE
Ni sucre, ni graisse !
Oooh !
Paf !
SUCRE
Yaourt nature ! Pour le calcium !
SUCRE
Chan chucre !!
Paf !
SUCRE
Encore deux !
Non, pitié !
SUCRE
Plus ch'est mauvais, plus ch'est bon !
EAU

Maintenant, test de force ! Tu me portes jusqu'en haut !
À la une, à la deux,
à la trois,
hop !
Oh hisse ! Oh hisse !
Quelle dondon !
Félicitations !
T'as hissé 25 kilos ! Ça, c'est l'effet yaourt nature !

Déshabille-toi !
Blurp !
Visite médicale !
Biscotos, nuls ! Pectoraux zéro !
Tu me chatouilles !
Cou, riquiqui ! Oreilles...
Faudrait que tout ça double de volume...
Même le cou ?
ziip !
C'est le plus important ! Il tient la tête !

Allez, couché !
Ici !! Pas sur le lit !
Comme ça ?
Les bras bien droits !
Tu restes dans cette position...
Je vais vomir !
... Jusqu'à ce que j'arrive à mille ! 1, 2, 3, 4...
Ââââââ ! Je suis crevée... On fait une pause ?
BLAM !

Le lendemain...
Alors ? Prêt pour la bagarre ?
Il est au courant ?
Bien sûr, j'ai prévenu tout le monde !
On s'entraîne encore un peu et on arrive !
Vas-y, cogne !
Continue ! On vient te chercher dans 33 minutes, 20 secondes !
PAF !
BONG !

Un peu plus tard...
Bientôt l'heure... Je me sens tout flagada !
Mais non !
CAVE
T'as un pouls de boxeur professionnel !
De boxeur malade, tu veux dire...
J'ai mal au ventre !!
Koff ! Koff ! En plus je tousse !
C'est ta faute ! J'ai chopé un trop plein de yaourt !
Tant pis, j'annule...

S'il te plaît ! Donne ça à Alexandre...
C'était bien la peine que je me décarcasse !
Rassure-toi ! Je lui propose un combat, même jour, même heure...
... l'année prochaine !
CLAC !
Waouh ! Youhou-hou !
Victoire ! Adversaire éliminé !

Pendant ce temps...
Match annulé ! Il craque !
Hein ?
Pas possible !
Il a écrit pour avertir Alexandre.
Il peut pas nous faire ça !
On va le requinquer !
Ouais, allons-y !
Hé ! Mais ça va mieux !
T'as la pêche, en fait !
Que la force soit en toi, vaillant soldat !
Hein ?!!...

T'inquiète pas !
Tu peux compter sur nous !
CLINICS
ARNICA
PHARMACIE MOULINET
J'ai pris de l'arnica pour les bleus !
Et moi des mouchoirs !
Moi, j'ai des pansements !
T'as le moral ?
B... bi... bien sûr que je l'ai !

Révisons : s'il te frappe au ventre, tu feras quoi ?
Ben...
T'auras qu'à lever le genou comme ça,
paf !
ARNICA
PHARMACIE MOULINET
Mais il est fichu de lui faire son fameux coup droit !
Quelle horreur !
Ce serait trop moche !
Flanque-lui un gnon sur la patate ! D'accord ?
Oui... oui...
Ne le laisse même pas respirer !
Ce minable ! Cet échappé du zoo !

À bas Alexandre !
Du sang ! Du sang !
Qu'il avale toutes ses dents !
ARNICA
Stop !
Du sang ! Du sang !
À bas Tom-Tom !
Tom-Tom au tapis !
Tom-Tom en bouillie !
À l'attaque !!!
ARNICA

Ouille !
AAAAArgh !
Aaïiiiie !!
Paaaf !
ARNICA
Alexandre… on se tire ?
Ouais !
Ils sont oufs !
Total oufs !
Aaaaa…
Oooooo…
Ouuuuu…
On va chez moi jouer aux cartes ?
OK… À la bataille !
FIN

Tom-Tom et Nana

T'es zinzin si t'en rates un !

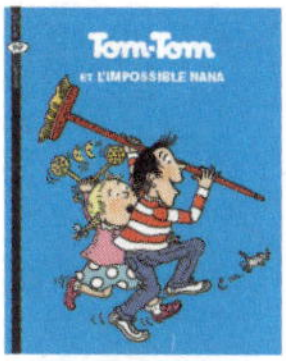

☐ N° 1

☐ N° 2

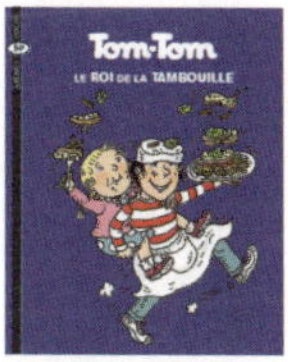

☐ N° 3

☐ N° 4

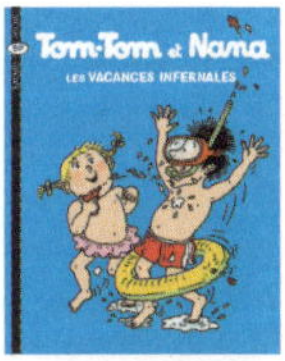

☐ N° 5

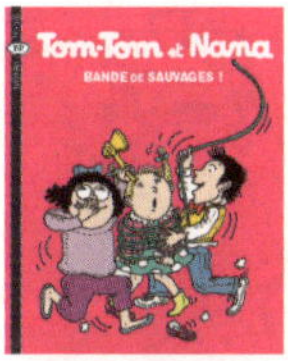

☐ N° 6

☐ N° 7

☐ N° 8

☐ N° 9

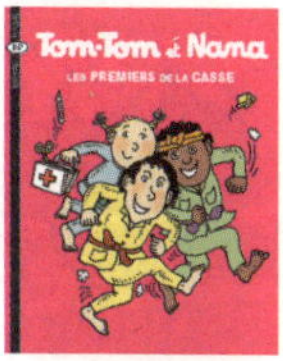

☐ N° 10

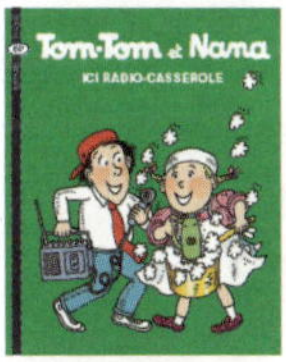

☐ N° 11

☐ N° 12

☐ N° 13

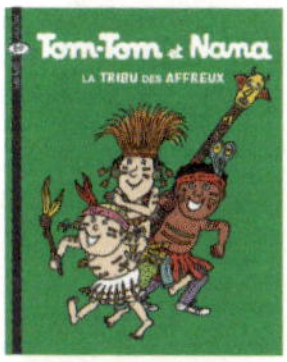

☐ N° 14

☐ N° 15

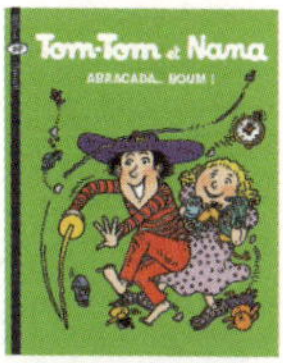

☐ N° 16

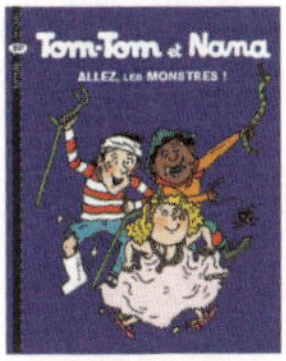

☐ N° 17

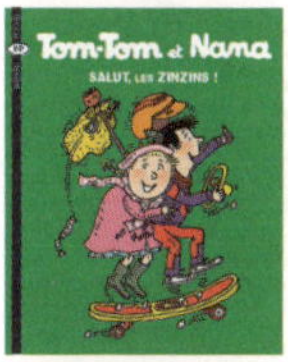

☐ N° 18

☐ N° 19

☐ N° 20

☐ N° 21

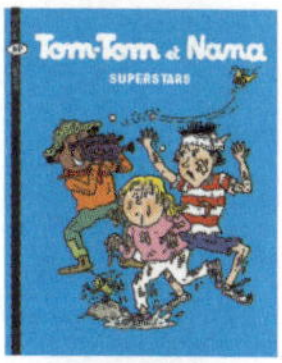

☐ N° 22

☐ N° 23

☐ N° 24

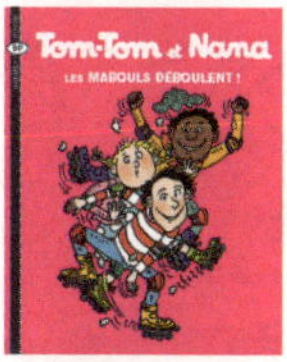

☐ N° 25

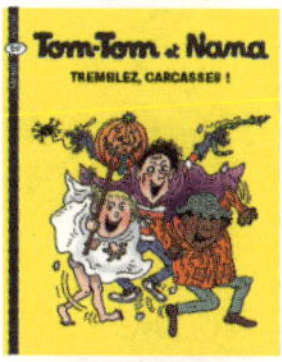

☐ N° 26

☐ N° 27

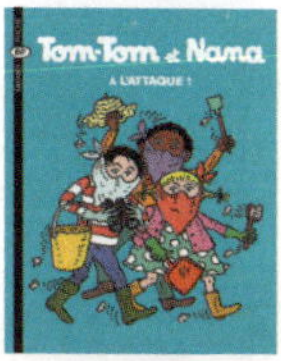

☐ N° 28

☐ N° 29

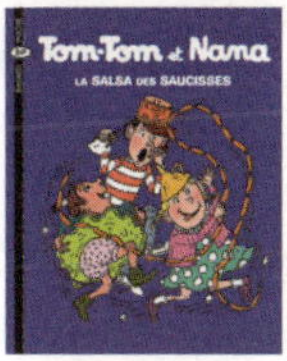

☐ N° 30

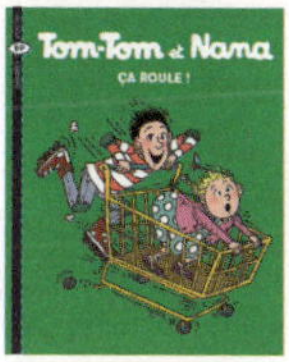

☐ N° 31

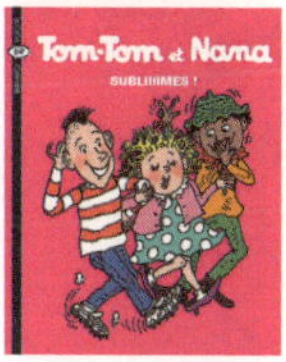

☐ N° 32

☐ N° 33

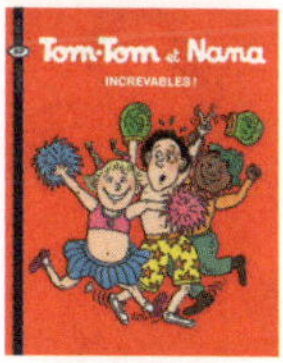

☐ N° 34